꿈을 이룬 대통령
오바마 이야기

꿈을 이룬 대통령 **오바마** 이야기

초판 1쇄 인쇄 | 2009년 10월 5일
초판 1쇄 발행 | 2009년 10월 10일

지은이 | 로버타 에드워즈
그린이 | 켄 콜
옮긴이 | 양진화

펴낸이 | 양철우
펴낸곳 | (주)교학사   등록일 | 1962년 6월 26일 제18-7호
주　소 | 서울특별시 마포구 공덕동 105-67
전　화 | 편집부 (02)7075-328 · 영업부 (02)7075-155   주문팩스 | (02)839-2728
홈페이지 www.kyohak.co.kr
편　집 | 김인애, 김길선
디자인 | 김진 디자인

이 도서의 국립중앙도서관 출판시도서목록(CIP)은 e-CIP 홈페이지(http://www.nl.go.kr/cip.php)에서
이용하실 수 있습니다. (CIP제어번호: CIP2009002665)

ISBN 978-89-09-15542-7   73840

First published in the United States under the title
BARACK OBAMA : UNITED STATES PRESIDENT by Roberta Edwards, illustrated by Ken Call.
Text copyright © 2008, 2009 by Grosset & Dunlap
Illustrations copyright © 2008, 2009 by Ken Call
Originally published in 2008 as Barack Obama : An American Story
All rights reserved.
This Korean edition was published by Kyohak Publishing Co., Ltd. in 2009 by arrangement with Grosset and
Dunlap, a division of Penguin Young Readers Group, a member of Penguin Group (USA) Inc. through
KCC(Korea Copyright Center Inc.), Seoul.
GROSSET & DUNLAP is a trademark of Penguin Young Readers Group.

이 책은 (주)한국저작권센터(KCC)를 통한 저작권자와의 독점계약으로 (주)교학사에서 출간되었습니다.
저작권법에 의해 한국 내에서 보호를 받는 저작물이므로 무단전재와 복제를 금합니다.

Photo Credits: cover: © Associated Press; © Alice Scully/iStockphoto (background); title page: © Jason Reed/Reuters/Corbis; pages 1-2: © Associated Press; pages 4-5: © Associated Press; pages 6-7: © Associated Press; page 15: © Barackobama.com; page 17: © Remi Salette/Corbis Sygma; pages 18-19: © Associated Press; page 27: © Steve Liss/Time Life Pictures/Getty Images; page 31: © Barackobama.com; page 33: © Ryan McVay/Photodisc; page 36: © Associated Press; page 37: © Getty Images; page 39: © Kevin LaMarque/Reuters/Corbis; pages 40-41: © Getty Images; page 43: © Associated Press; page 44: © Associated Press; page 45: © Associated Press (top photo); © Associated Press (bottom photo); page 46: © Associated Press; page 47: © Associated Press; page 48: © Getty Images; page 49: © Associated Press; page 50: © Grosset & Dunlap; page 51: © Associated Press; pages 52-53: © Associated Press; page 54: © Getty Images; page 55: © Getty Images; page 56: © Getty Images; page 57: © AFP/Getty Images; page 61: © Associated Press; page 64: © Associated Press

꿈을 이룬 대통령
오바마 이야기

로버타 에드워즈 글 | 켄 콜 그림 | 양진화 옮김

교학사

2007년 2월 23일.

수많은 사람들이 텍사스 주 오스틴에 모여들었어요.

2만 명쯤 되는 사람들이 모두 한 사람을 보기 위해 이 곳에 왔지요. 그들은 인기 록 가수를 기다리는 걸까요?

아니면 유명한 영화 배우? 또는 전설적인 운동 선수?

그들이 모인 까닭은 버락 오바마 상원 의원의 연설을 듣기 위해서예요.

오바마는 187센티미터의 큰 키에 몸은 좀 마른 편이에요. 환하고 친절한 미소를 띠고 있고, 마흔다섯 살의 나이보다 훨씬 젊어 보이지요.

불과 3년 전인 2004년에 오바마는 일리노이 주 연방 상원 의원으로 뽑혔어요. 이제 오바마는 더 큰 꿈을 갖고 있어요. 흑인으로는 처음으로 미국 대통령이 되고 싶어하죠. 오늘 어떤 사람이 카우보이 모자를 건네주자, 오바마가 곧바로 모자를 받아 쓰네요.

마침내 오바마는 대통령 선거 운동을 위해 텍사스에 왔어요.

얼마 전까지만 해도 사람들은 '버락 오바마'라는 이름을 들으면 "누구지?" 하고 말하곤 했어요. 그들은 오바마의 이름을 혼동했어요. 그래서 '버락 요 마마', 혹은 '버락 알라바마'라고 부르기도 했지요.

'버락'은 아프리카 말로 '축복받은 사람'이란 뜻이에요. 정말로 버락 오바마는 여러 가지 면에서 축복을 받았어요. 똑똑하고 재능 있고 자신감이 넘치며, 가족들도 훌륭하지요. 또, 처음 만난 사람들까지도 자신의 말을 귀 기울여 듣게 하는 놀라운 재주가 있어요.

그러나 버락이 항상 자신이 축복받았다고 느낀 것은 아니었어요. 오히려 자신이 남과 다르다고 생각했지요. 어린 시절 버락은 어머니와 외할아버지, 외할머니와 함께 살았는데, 그분들은 백인이었어요. 흑인인 아버지는 머나먼 아프리카에서 살았고요.

버락의 아버지 이름도 버락 오바마였어요. 아버지 버락 오바마는 아프리카 동쪽 해안에 있는 케냐의 작은 마을에서 태어났어요. 아버지가 다닌 학교는 양철로 지붕을 인 가난한 오두막 학교였지요.
　아버지는 루오 부족 출신이었어요. 루오 부족은 뜨거운 태양 아래서 염소들을 기르며 살았어요. 그러나 버락의 아버지는 그들과 다른 인생을 살기를 원했어요. 꿈을 이루기 위해 대학에 가고 싶어했지요. 그러던 중 국비 유학생으로 뽑혀 미국에 있는 하와이 대학에서 공부할 수 있는 기회가 주어졌어요.

버락의 어머니 앤 던햄은 케냐에서 수천 킬로미터 떨어진, 바다 건너 다른 대륙에서 태어났어요.

어머니는 미국 캔자스 주의 작은 마을에서 자랐어요.
외할아버지는 석유를 뽑아 내는 작업장에서 일했고,
농장에서 일하기도 했어요. 외할머니는 은행원이었고요.
 캔자스와 케냐만큼 서로 많이 다른 곳을 상상할 수
있나요?

버락의 부모님은 하와이 대학에서 처음 만났어요.
그 때 아버지는 스물세 살이었고, 어머니는 열여덟 살의
풋풋한 신입생이었죠. 두 사람은 서로 사랑에 빠졌고,
얼마 뒤 결혼을 했어요. 그 시절에는 백인과 흑인이
결혼하는 일이 아주 드물었어요. 그렇지만 버락의
외할아버지와 외할머니는 아버지를 사위로 받아들였어요.
　아기 버락은 1961년 8월 4일, 하와이 호놀룰루에서
태어났어요.

 그러나 안타깝게도 부모님의 결혼 생활은 오래 가지 못했어요. 버락이 겨우 두 살 때 부모님은 헤어지고 말았어요. 결국 버락의 아버지는 아프리카로 돌아갔지요.
 버락이 아버지에 대해 알고 있는 것은 가족 사진 몇 장과 아버지에게서 받은 편지들, 그리고 어머니가 들려준 이야기가 전부였어요.

그 뒤 버락은 아버지를 딱 한 번 더 만났어요. 버락이 열 살 되던 해 크리스마스에 아버지가 하와이에 왔어요. 하지만 버락에게 아버지는 그저 낯선 사람일 뿐이었죠. 게다가 아버지의 모습은 버락이 상상했던 것과 많이 달랐어요. 얼굴은 늙어 보였고, 몸은 마른데다가, 다리를 절었어요.

어느 날 밤, 아버지가 버락에게 말했어요.

"텔레비전 그만 보고 공부를 좀 하거라."

버락은 문을 '쾅' 닫으며 제 방으로 들어갔어요. 잘 알지도 못하는 사람이 자기에게 이래라저래라 하는 게 화가 났기 때문이죠.

그러나 시간이 흐르면서 버락은 아버지에 대해 조금씩 알아 가기 시작했어요. 두 사람은 재즈 연주회도 같이 갔고, 나란히 누워 함께 책도 읽었어요. 아버지는 버락의 학교를 찾아가기도 했고, 버락에게 아프리카 춤을 가르쳐 주기도 했어요. 버락은 아버지와 함께 했던 추억들을 언제까지나 간직하고 싶었어요.

한 달 뒤, 아버지는 다시 케냐로 돌아갔어요. 그러고는

두 번 다시 미국에 오지 않았죠. 그래도 버락은 편지로
아버지와 계속 연락을 주고받았어요.

　버락이 아버지의 나라인 케냐를 처음 방문한 것은
대학을 졸업하고 난 뒤였어요. 자신의 뿌리를 찾기 위해
떠난 여행이었지요. 그 즈음 아버지가 교통 사고로 갑자기
세상을 떠났어요. 뒷날 버락은 〈내 아버지로부터의 꿈〉이라는
책을 냈어요. 그 책에서 버락은 자신은 아버지에게서
많은 영향을 받았다고 말했어요.

1967년, 버락의 어머니는 같은 대학에 다니던 인도네시아 유학생 롤로와 재혼을 했어요. 이 지도를 보면 인도네시아가 어디에 있는지 알 수 있어요.

버락은 여섯 살 때 어머니와 새아버지를 따라 인도네시아로 갔어요. 버락의 집은 수도 자카르타 교외에 있었는데, 거기서 여동생 마야가 태어났어요.
집 뒤뜰에는 닭과 오리들이 뛰놀았고, 철창으로 둘러싸인 연못에는 새끼악어 두 마리도 있었지요.
버락은 '타타'라는 애완용 원숭이도 길렀어요.

새아버지는 버락을 친아들처럼 아껴 주었어요.

어느 날, 버락은 자신의 축구공을 훔쳐 간 아이와 맞붙어 싸우게 되었어요. 버락보다 나이가 많고 덩치가 큰 그 아이에게 버락은 지고 말았어요. 그 일이 있은 며칠 뒤, 새아버지는 권투 글러브 두 벌을 사 왔어요. 하나는 새아버지의 것이었고, 좀 작은 것은 버락의 것이었죠. 새아버지는 버락에게 스스로를 지킬 수 있도록 권투를 가르쳐 주었어요.

자카르타 시.

자카르타 초등 학교의 학급 사진. 맨 뒷줄 왼쪽에서 세 번째가 버락.

버락은 매우 영리했어요. 하지만 교실에서 늘 얌전했던 건 아니었어요. 언젠가 버락이 이런 말을 한 적이 있어요.

"내가 너무 말썽꾸러기여서 선생님들은 나를 어떻게 대해야 할지 몰라 쩔쩔매곤 했죠."

버락의 어머니는 버락이 자카르타에 있는 학교에서 배우는 것만으로는 부족하다고 생각했어요. 버락에게 최고의 교육을 받게 해 주고 싶었거든요.

　어머니는 수많은 사람들이 모여사는 도시인 자카르타에서 범죄가 많이 발생하는 것도 걱정했어요. 그래서 어머니는 버락을 외할아버지와 외할머니가 계시는 하와이로 보냈어요. 버락이 열 살 되던 해의 일이었지요.
　외할아버지와 외할머니는 버락을 호놀룰루에 있는 훌륭한 사립 학교인 푸나호우 학교에 입학시켰어요.

　이제 버락은 어머니와도 떨어져 살게 되었어요.
하지만 버락은 외할아버지, 외할머니의 사랑을 듬뿍 받으며
아주 잘 지냈어요. 물론 외할아버지, 외할머니는
다른 친구들의 부모님들보다 나이가 훨씬 많았어요.
게다가 백인이었죠. 버락의 '가족'은 평범한 다른 가족들과
많이 달라 보였어요.
　외할아버지와 외할머니는 돈이 많지 않았어요. 하지만
푸나호우 학교에 다니는 아이들은 대부분 집이 부자였어요.

이런 상황에서 버락이 자신이 그들과 어울린다고
느낄 만한 게 있었을까요?
　네, 있었어요. 그 즈음 버락은 농구를 배우게 되었어요.
버락은 점점 더 농구에 빠져들었죠. 그래서 시간이 날 때마다
연습을 했어요. 버락은 학교 농구단에 들어갈 정도로
농구를 잘했지만, 아주 뛰어난 선수는 아니었어요.
버락이 농구를 하면서 가장 좋았던 점은 바로
팀의 한 사람이라는 소속감을 느낄 수 있다는 것이었어요.

고등 학교 시절, 버락은 다양한 인종의 친구들을 사귀었어요. 버락은 열린 마음을 가진 사람이었죠.
한번은 한 흑인 친구가 같은 반 백인 여자 아이가 자신의 데이트 신청을 거절했다면서 무척 속상해했어요. 그 친구는 그 여자 애가 흑인들을 싫어한다면서 인종 차별주의자라고 비난했어요. 그러나 버락은 조금 생각이 달랐어요. 그래서 친구에게 이렇게 말해 주었죠.

"여자 애들은 대개 자기 아버지나 오빠를 닮은 남자를 좋아해. 그런데 우린 그들과 다르잖아."

대학생이 되어서도 버락은 '나는 누구일까?' 하는 의문을
마음 속에 담아 두지 않으려고 했어요.
버락은 뉴욕에 있는 컬럼비아 대학을 졸업했지만,
자신이 앞으로 무엇을 할 것인지 뚜렷한 확신이 없었어요.
버락이 인생에서 이루어 내고 싶은 것은 과연
무엇이었을까요? 버락은 자기 인생의 뿌리를 어디에 내리고
싶었을까요?

　　버락은 뉴욕 시내를 걸어다니면서 각기 다른 동네 풍경을
보았어요. 버락은 뉴욕이란 도시를 좋아했지만, 한편으론
백인과 흑인 사이에 가로놓인 나쁜 감정들도 많이
보게 되었어요. 대학 사회에도 그런 나쁜 감정이 있다는
것을 버락은 알고 있었어요. 기숙사 화장실 벽에는
서로를 미워하는 혐오스런 말들이 씌어 있었어요.
그런 낙서들은 아무리 지워도 계속 생겨났죠.

　　버락이 자신에 대해 확실히 알고 있는 것이 하나
있었어요. 그것은 자신보다 더 어려운 환경에서
살아 보려고 애쓰는 사람들을 돕고 싶다는
거였어요.

버락은 일자리를 구하기 위해 미국 전 지역의 시민 단체에 편지를 보냈어요. 그 중에서 딱 한 군데, 시카고 사우스사이드의 가난한 동네에서 활동하고 있는 시민 단체에서 연락이 왔어요.

버락은 1985년 뉴욕을 떠났어요. 그 뒤 3년 동안
일리노이 주 시카고에서 지역 사회 운동가로 일했지요.

　이 무렵 일리노이 주에서는 많은 공장들이 문을 닫았어요. 사람들은 일자리를 잃고 절망에 빠졌지만, 나라에서는 그들을 충분히 도와 주지 못했어요.
　버락은 많은 사람들과 이야기를 나눴어요. 많은 이야기를 듣기도 했어요. 공공 주택에서 사는 사람들은 변기가 망가지고 유리창이 깨지고 난방기가 고장났는데도 집세를 내야 했어요. 주변 학교에 다니는 학생들은 공부할 교과서조차 부족했지요. 사람들은 더 좋은 집에서 살 권리가 있었고, 아이들은 더 나은 교육을 받을 권리가 있었어요.
　버락은 이 문제들을 해결하기 위해 최선을 다해 일했어요.

그러나 사람들의 삶을 근본적으로 바꾸려면 무엇보다 법을 바꿔야 한다는 것을 알게 되었어요. 가난한 사람들을 돕는 새 법을 만들어야 한다는 것을요. 법률 공부를 하기 위해 버락은 법대에 가기로 마음먹었어요.

1988년, 버락은 보스턴에 있는 하버드 대학 법학 전문 대학원에 들어갔어요. 미국에서 가장 똑똑한 학생들과 함께 경쟁하게 된 거예요.

하지만 그런 것은 버락에게 아무런 문제가 되지 않았어요. 하버드 대학에서 공부하는 3년 동안 버락은 그 어느 때보다 열심히 공부했어요. 졸업 학년 때에는 하버드 대학의 이름난 법률 학술지 〈하버드 로 리뷰〉의 편집장이 되는 영예를 누리기도 했어요. 〈하버드 로 리뷰〉의 흑인 편집장이 탄생한 것은 하버드 대학교 역사상 처음 있는 일이었죠. 뉴욕 타임스에 버락에 대한 기사가 실리기도 했어요.

하버드 법대 졸업장만으로도 버락은 크고 유명한 법률 회사에 좋은 조건으로 취직하여 돈과 명예를 얻을 수 있었어요. 하지만 그런 것은 버락의 관심거리가 아니었어요.

그 대신 버락은 시카고로 돌아왔어요. 거기에는 두 가지 이유가 있었어요. 버락은 미셸 로빈슨이란 흑인 여성 변호사와 사랑에 빠졌어요. 두 사람은 1992년에 결혼했지요.

미셸과 버락의 결혼식 사진.

또한 버락은 3년 전 자신이 떠나온 시카고에서 가난한 사람들을 돕는 일을 다시 시작하고 싶었어요. 그래서 법률 회사에 들어가 인권 변호사로 일하기 시작했어요.

미국 국민들에게는 국민으로서 누릴 수 있는 많은 권리가 있어요. 투표할 수 있는 권리, 자유롭게 교육받을 수 있는 권리, 그리고 원하는 곳에서 살 수 있는 권리가 있지요.

그런데 인종이나 성별 때문에 종종 국민으로서의 권리가 침해당하고 있어요. 일자리를 얻으려고 해도 사람들은 자신들의 능력이 아니라 자신들이 누구인가 때문에 거절당하지요.

때때로 백인들만 사는 동네에서는 아무도 다른 인종에게 집을 팔지 않아요.

변호사로서 버락은 사람들이 재판을 통해 자신들의 정당한 권리를 찾을 수 있도록 도와 주었어요. 또, 흑인이나 가난한 사람들이 투표에 참여할 수 있도록 유권자 등록을 하는 일에도 앞장섰어요.

팔려고 내놓은 집을 바라보고 있는 흑인 부부.

버락은 또한 시카고 대학 법학 전문 대학원에서 헌법학을 강의하기도 했어요. 200여 년 전에 만들어진 미국 헌법은 연방 정부가 어떤 일을 하는지 풀이해 놓은 문서예요. 연방 정부의 법은 미국 국민들 모두에게 적용되지요.

미국의 각 주에도 주 헌법과 주 정부가 있어요. 주 헌법은 그 주에 사는 사람들에게만 적용되지요.
버락은 일리노이 주 상원 의원에 출마하기로 결심했어요. 시카고 사우스사이드 지역 주민들을 대표하고 싶었거든요.

이것은 버락 오바마가 정치가의 길로 들어서는 첫 번째
도전이었어요. 1996년, 마침내 버락은 선거에서 승리했어요!
이후 8년 동안 버락은 주 상원 의원으로 일했지요.
버락은 민주당원이었지만 공화당원들과도 힘을 합쳐
많은 일을 해냈어요. 죄수들의 권리 향상을 위해 노력했고,
의료 보험과 유아 교육 확대를 위해 힘썼지요.

말리아를 안고 있는 버락과 사샤를 안고 있는 미셸.

버락과 미셸은 이제 두 딸의 부모가 되었어요. 첫째 딸 말리아는 1998년에 태어났고, 둘째 딸 사샤는 2001년에 태어났어요.

2000년에 버락은 연방 하원 의원 선거에 도전했어요. (미국 연방 의회는 상원과 하원으로 이루어져 있어요.) 버락은 선거에서 지고 말았어요. 하지만 그 일로 좌절하지 않았어요.

버락은 다시 주 상원 의원으로 열심히 뛰었고, 2년 뒤 치러진 주 상원 의원 선거에서는 너무 인기가 높아 누구도 버락의 상대가 되지 못했지요.

2004년, 자리가 빈 일리노이 주 연방 상원 의원 한 명을 다시 뽑게 되었어요. 이 선거에서 버락 오바마는 민주당 후보로 뽑혀 다른 당의 후보와 경쟁했어요.

일리노이 주를 돌며 선거 운동을 하는 동안, 젊고 매력적이며 매우 똑똑한 버락은 사람들의 눈에 띄었어요. 사람들은 청중을 빨아들이는 버락 오바마의 연설에 몹시 놀라워했어요. 아마도 자신이 남과 다르다고 느껴 왔던 지난날들이 버락 오바마가 다양한 인종과 계층의 사람들을 잘 이해하고 소통하게 한 힘이겠죠. 흑인과 백인, 부자와 가난한 사람, 농부와 공장 노동자들 말이에요.

2004년 7월 27일, 민주당 전당 대회에서 기조 연설을 하는 버락 오바마.

같은 해인 2004년에 미국 대통령 선거도 있었어요. 민주당은 7월에 보스턴에서 전당 대회를 열었어요. 여기서 매사추세츠 주의 존 케리 상원 의원이 대통령 후보로 뽑혔어요. 민주당은 존 케리 후보가 또다시 대통령이 되려는 공화당의 조지 부시 대통령을 이기길 바랐어요.

대통령 후보를 뽑는 전당 대회에서 가장 중요한 연설 중 하나는 기조 연설이에요. 기조 연설은 정당의 목표와 방향, 실천에 옮기고자 하는 정책들을 밝히는 연설이지요.
    2004년 민주당 전당 대회에서 버락 오바마는 기조 연설을 했어요.

수백만 명의 사람들이 텔레비전을 통해 오바마의 연설을 지켜보았어요. 버락 오바마는 갑자기 전국적인 유명 인사가 되었지요.

오바마의 연설은 정말 멋지고 감동적이었어요. 통합과 조화의 정신이 담겨 있었죠. 오바마는 많은 이야기를 했는데, 그 중에서도 특히 이 말이 매우 인상적이었어요.

"국민은 정부가 자신들의 문제를 모두 해결해 줄 것이라고 기대하지 않습니다. ……그러나 우리가 이 땅의 모든 어린이들이 더 나은 삶을 살게 하고, 누구에게나 기회의 문이 열려 있게 할 수 있다는 것을 국민들은 가슴 깊이 느끼고 있습니다."

버락의 아내 미셸과 두 딸도 그 자리에서 연설을 들었어요. 그러나 어머니마저 암으로 세상을 떠나, 안타깝게도 버락의 부모님은 이 자랑스러운 순간을 함께 할 수 없었어요. 그래도 버락은 미국 캔자스에서 태어난 백인 어머니와 케냐 출신의 흑인 아버지에 대해, 그리고 자신이 어디에서 자랐는지에 대해 이야기했어요. 아마도 이 이야기가 사람들의 마음을 가장 크게 움직였을 거예요.

마치 버락 오바마 안에 모든 사람들의 일부분이 들어 있는 것처럼 말이에요.

　존 케리 후보는 그 해 11월에 치러진 대통령 선거에서 졌어요. 그러나 버락 오바마는 연방 상원 의원에 당당히 당선되었어요. 미국 역사상 흑인이 연방 상원 의원이 된 것은 오바마가 다섯 번째였죠.

　연방 상원 의원은 워싱턴에 있는 커다란 둥근 지붕의 국회 의사당에서 일해요. 그래서 오바마는 시간을 쪼개 워싱턴과 가족이 있는 시카고를 오가며 일했지요.

연방 상원 의원 선서를 하고 있는 버락 오바마.

보통 신출내기 연방 상원 의원은 중요한 위원회에서 일하지 못하거나 중요한 법안을 통과시킬 수 없어요. 그러나 오바마 상원 위원은 자신이 중요하게 여겨 왔던 문제들을 계속 다룰 수 있었어요. 오바마는 오래 전부터 미국이 벌인 이라크 전쟁을 반대해 왔고, 많은 사람들이 오바마의 의견에 찬성했지요.

2007년 2월, 버락 오바마는 대통령 후보로 나갈 것을 선언했어요. 대통령 후보로 나선 흑인은 오바마가 처음은 아니었어요.

셜리 치솜.

1972년에 최초의 흑인 여성 연방 하원 의원인 셜리 치솜이, 그리고 1984년과 1988년 두 차례에 걸쳐 유명한 인권 운동가인 제시 잭슨 목사가 민주당 대통령 후보 경선에 나섰어요. 하지만 지금까지 어떤 흑인 지도자도 민주당이든 공화당이든 대통령 후보가 되지 못했지요.

제시 잭슨 목사.

버락 오바마 외에도 다른 많은 정치인들이 2008년에 민주당 대통령 후보가 되려고 했어요. 하지만 이른 봄 무렵, 후보 대결은 버락 오바마와 힐러리 클린턴으로 좁혀졌어요.

대통령 영부인이었던 힐러리는 뉴욕 주 연방 상원 의원으로 활동 중이었어요. 힐러리와 버락은 많은 부분에서 서로 의견이 같았어요. 버락처럼 힐러리도 새로운 역사를 만들고 싶어했죠. 그 때까지 미국은 다수당에서 여성이 대통령 후보가 된 적이 한 번도 없었거든요.

힐러리와 이야기를 나누고 있는 버락.

힐러리와 버락은 팽팽히 겨루었어요. 두 사람은 토론회에서 만나 열띤 토론을 했어요. 경선이 벌어지는 주의 수많은 유권자들 앞에서 연설도 했지요.

2008년 6월 초쯤, 결과는 분명해졌어요. 민주당 대통령 후보로 버락 오바마를 지지하는 사람들의 수가 훨씬 더 많아진 거예요. 이후로 힐러리 클린턴은 자신의 경쟁자였던 버락이 대통령에 당선될 수 있도록 최선을 다해 도왔어요.

힐러리의 지지자들은 오바마가 힐러리를 부통령 후보로 뽑아 주기를 바랐어요. 하지만 결국 버락은 델라웨어 주 연방 상원 의원인 조 바이든을 부통령 후보로 지명했어요. 사실, 바이든은 자신이 직접 대통령 후보로 나가려고 했었어요. 하지만 일찌감치 포기를 했지요.
오바마가 부통령 후보가 되어 달라고 요청하자, 바이든은 이를 흔쾌히 받아들였어요. 아래 사진에 조 바이든 부부가 버락 오바마 부부와 함께 나란히 걸어 나오고 있네요.

이제 전국의 민주당원들이 오바마와 바이든의 얼굴이 새겨진 배지를 달고 다녔어요. 각각의 배지에는 '그래, 우린 할 수 있어!', '우리가 믿을 수 있는 변화' 등의 선거 구호가 적혀 있었어요. 어떤 배지에는 버락과 미셸의 사진과 함께 '차기 미국 대통령 가족'이란 말이 적혀 있기도 했어요.

8월 말, 콜로라도 주 덴버에서 민주당 전당 대회가 열렸어요. 불과 4년 전에 열렸던 전당 대회에서 버락은 기조 연설자였어요. 그런데 이제는 대통령 후보가 된 거예요.

전당 대회 마지막 날 밤에 버락은 대통령 후보 수락 연설을 했어요. 그런데 버락이 연설한 곳은 전당 대회장이 아니라, 마일하이 경기장에 모인 8만 4000명의 군중 앞이었어요.
　수천만 명의 미국 국민들이 텔레비전을 통해 이 순간을 지켜보았어요.

며칠 뒤, 미네소타 주 세인트폴에서 공화당 전당 대회가 열렸어요. 이 날 애리조나 주 연방 상원 의원인 존 매케인이 공화당 대통령 후보로 뽑혔어요.

매케인 후보는 베트남 전쟁에서 싸운 용감한 군인이었어요. 베트남 북부에 있는 감옥에 5년 반 동안 포로로 잡혀 있기도 했죠. 재미있고 똑똑한데다가 인기가 많은 존 매케인은 네 차례나 상원 의원으로 재임 중이었어요.

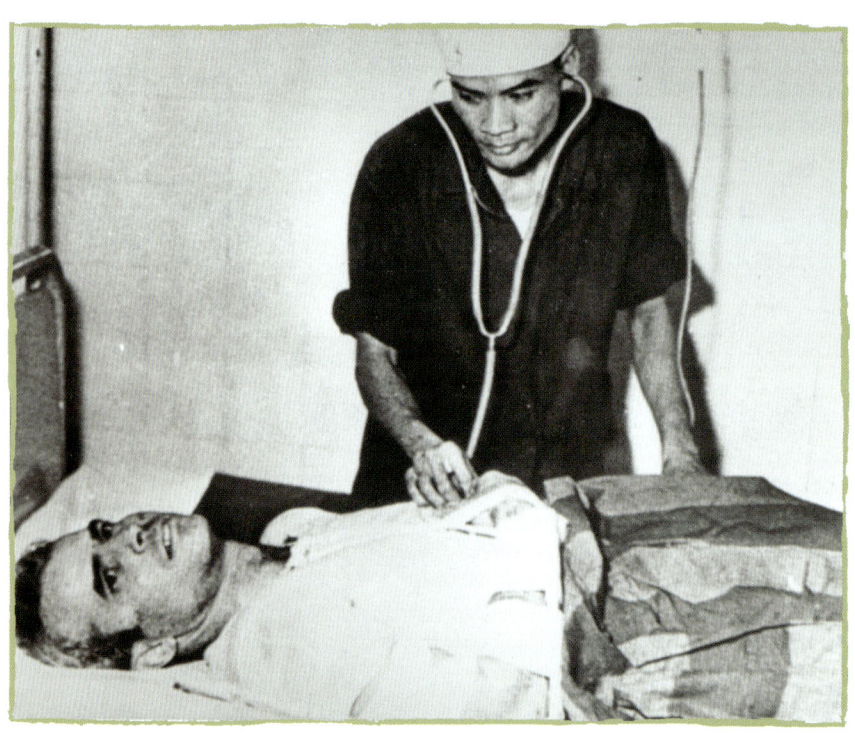

　오바마에 비해 매케인은 정치 활동 경험이 훨씬 많았어요.
오바마처럼 공화당과 민주당 사람들 모두와 잘
어울려 일했지요. 사실, 매케인은 조셉 리버만 상원 의원을
자신의 부통령 후보로 지명할 뻔했어요.
왜 매케인의 선택이 놀라웠을까요?
조셉 리버만은 민주당원이었고, 2000년에 민주당
부통령 후보로 뽑힌 적도 있었기 때문이에요.

대신 존 매케인은 정치 경험이 없는 세라 페일린을 부통령 후보로 선택했어요. 2006년부터 알래스카 주지사로 일하고 있는 세라 페일린은 자신의 고향에서 시장을 지내기도 했어요.
　만약 공화당이 승리했다면, 세라 페일린 역시 새로운 역사를 만들었을 거예요. 미국 최초의 여성 부통령이 되었을 테니까요.

세라 페일린.

시간이 흐를수록 선거 운동은 점점 더 흥미로워졌어요. 버락 오바마와 존 매케인 후보는 유권자들에게 자신들의 생각과 주장을 알리기 위해 온 나라를 누비고 다녔어요.

매케인은 유권자들과 솔직한 대화를 나누겠다는 뜻에서 '직설 특급'이라고 이름 붙인 버스를 타고 다녔어요.

오바마는 하룻동안 3개 주에 모습을 드러낼 때도
있었어요. 가족이 함께하기도 했지만, 대부분은 오바마
혼자서 선거 운동을 하러 다녔지요. 어디에 있든지
오바마는 항상 가족들에게 안부 전화를 했어요.
집에 들어가지 못할 때도 아내와 두 딸에게 '잘 자라'는
인사를 빼먹지 않았어요.

10월에 딱 한 번 오바마는 선거 운동을 쉬었어요. 외할머니의 여든여섯 번째 생신을 축하하기 위해 비행기를 타고 하와이로 갔거든요. 외할머니는 병으로 몸이 많이 쇠약해졌지만, 정신만은 예전처럼 또렷했어요. 안타깝게도 그 때가 오바마가 외할머니와 함께했던 마지막 시간이었어요. 외할머니는 선거일 이틀 전에 세상을 떠나고 말았지요.

11월 4일 선거일이 가까워 오면서,
거의 모든 미국 국민들은 한 가지 생각에 의견이
일치했어요.
그것은 다음 대통령은 힘들고 어려운 시기에
미국을 이끌어 갈 책임을 맡게 될 거라는 것이었죠.
증권 시장은 바닥으로 곤두박질쳤고,
은행들은 문을 닫았어요. 수십만 명이 일자리를 잃었고,
주택 담보 대출금을 갚지 못해 보금자리를 잃게 된
가정이 한둘이 아니었어요.
집이 있는 사람들도 기름값이 너무 올라
난방비 걱정을 해야 했어요.
5년째 접어들고 있는 이라크 전쟁에서는
4천 명 이상의 미군이 목숨을 잃었어요. 하지만 아직도
전쟁을 끝내고 미군을 철수시킬 계획이 세워지지
않았지요.
지난 8년 동안 미국은 공화당인 조지 부시 대통령이
이끌어 왔어요. 점점 더 많은 사람들이 이제는
변해야 한다고 생각했어요.

가족과 바이든 부부와 함께 민주당 전당 대회장에 모습을 드러낸 버락 오바마.

2008년 11월 4일, 모두 50개 주에서 유권자들이 투표장에 갔어요. 1억 2500만 명 이상이 투표를 했지요. 젊은이들의 투표 참여율은 놀라울 만큼 높았어요. 그들에게는 이번 선거가 처음으로 자신이 직접 대통령을 뽑는 선거였죠. 이들 중 4분의 3에 이르는 젊은이들이 오바마를 선택했어요.

흑인, 히스패닉(미국에 살고 있는 남아메리카 인), 아시아 인 등 다양한 인종의 사람들이 오바마에게 표를 몰아주었어요. 물론 대부분의 백인들도 오바마를 지지했고요.
 결국 오바마는 공화당의 존 매케인을 8백만 표 이상의 큰 차이로 물리치고 승리했어요.

2009년 1월 20일, 워싱턴의 국회의사당 앞 광장에서
버락 오바마는 제44대 미국 대통령에 취임했어요.
　2004년의 유명한 기조 연설에서 오바마는 사람들의
희망에 대해, 그리고 '우스꽝스런 이름을 가진 깡마른
아이의 희망'에 대해 말했어요. 그것은 자신의 이야기였어요.
오바마는 미국이란 나라에는 자신을 위한 역할이 있을
것이라고 늘 믿어 왔다고 말했죠. 오바마가 옳았어요.
미국 사람들은 바로 그 점을 자랑스럽게 생각하고 있어요.
　Yes we can.(그래요, 우린 할 수 있어요!)